ediciones**carena**

AL ARRULLO DEL TIEMPO

Gerardo Guaza González

Primera edición: noviembre de 2025

© Gerardo Guaza González
© Ediciones Carena, 2025

Edita: Ediciones Carena (Barcelona)
Diseño, realización y coordinación: Ediciones Carena
Calle L'Equador 39-45, Plt. Bj. Loc. 6, 08029 Barcelona
(Imagine Content, S. L.)
WWW.EDICIONESCARENA.COM
info@edicionescarena.com

Depósito legal B 22080-2025
ISBN 979-13-87623-02-9

Diseño de la cubierta y maquetación: Sofía Cabrera

Impreso en España - Printed in Spain

A mis padres, siempre.

El tiempo recobrado es un arma de fuego
que dispara inconsciente a quemarropa
y a veces nos mutila ferozmente
y otras de sus heridas brotan alas.

ÍNDICE

PRÓLOGO

La vida pasa para todos y para todo. Discúlpenme tal obviedad, pero en el caso que me ocupa —la publicación de esta obra exquisita, *Al arrullo del tiempo*—, esa vida (la de Gerardo Guaza), llena de plasticidad, ha dejado una huella indeleble en cada uno de los versos que el lector va a encontrar impresos a sangre y fuego, y dolor y lágrimas y, por qué no, alegrías también en el blanco de unas páginas que se despliegan a lo largo del libro como pequeños lienzos al viento de la vida.

Este su nuevo libro constituye ya el séptimo poemario de su carrera literaria, una singladura que se inició hace ya algún tiempo y que seguirá floreciendo hasta el último hálito de vida. Quisiera recordar en este punto sus obras anteriores: *La siembra de Selene* (2007), *De adobe y espuma* (2011), *La escarcha y la lumbre* (2018), *Poemas a mi madre* (2021), *La luz en la clepsidra* (2023) y *Un ave contra el viento* (2025), poemarios todos ellos que han hecho de Gerardo Guaza un autor con un marcado perfil propio, de voz reconocible entre las voces poéticas. Y lograr esto no es nada fácil.

Al arrullo del tiempo es un poemario en el que, precisamente, el término «tiempo» se convierte en el eje principal de la obra (¿acaso no de nuestra existencia también?), junto a otros términos tan pertinentes como «recuerdo(s)», «olvido» y «memoria». Y si nos ponemos un tanto filosóficos (es necesario), «al arrullo del tiempo» es una expresión poética que evoca la idea de dejarse llevar por el fluir suave y calmado del tiempo, porque «arrullo» podría referirse a un sonido suave y apacible, como el de un canto de cuna o el murmullo de un arroyo. La expresión puede ser utilizada para describir momentos de reflexión, nostalgia o simplemente disfrutar del presente..., momentos estos que irán apareciendo durante la lectura de este libro. Aunque no es tarea sencilla, lo bueno y sobre todo lo malo de la vida deberían afrontarse más como «arrullos» que como «tormentas», y en este libro al lector, tras el placer estético de su lectura, le va a quedar esa sensación.

Gerardo, en estos poemas de tono lírico y reflexivo, aborda temas tan capitales como la naturaleza y su relación con el ser humano; el paso del tiempo y su impacto en la vida; la nostalgia y la memoria, y la búsqueda de significado y propósito de la misma (y también propia) existencia.

Gerardo es un autor que desde sus inicios en este complejo mundo de la literatura ha ido puliendo y embelleciendo su escritura poética, así como un escultor que, con el paso del tiempo, de la roca, su materia prima, va «extrayendo» esculturas cada vez más hermosas y bien acabadas. La materia prima de nuestro autor, su inagotable caudal de emociones y sentimientos, se ha ido convirtiendo en versos cada vez más y más bellos y muy bien acabados también, dando como resultado poemas de una extraordinaria belleza y, muy a menudo, con una carga emotiva del todo envolvente. Gerardo es un artesano de la poesía, en concreto de aquella más lírica, un alquimista que transforma los sentimientos en versos que «viven» en sí mismos, que transmiten una energía que en ocasiones hace estremecer al lector. Esa conexión poema-lector no es nada fácil de conseguir, y a eso solo se le puede llamar «maestría». Novalis, autor del periodo del Romanticismo alemán por quien profeso una indisimulada devoción, escribe que «el poeta que ha alcanzado una cierta edad sabe encontrar la medida justa para disponer en un orden fácilmente comprensible todo su rico y variado arsenal, y tiene buen cuidado en no abandonar toda esa riqueza, porque ella es la que le va a ofrecer la materia suficiente para su obra». A Gerardo Guaza se le suele atribuir la influencia de Antonio Machado o de Juan Ramón Jiménez, entre otros, pero a estas alturas de su andadura literaria Gerardo Guaza es Gerardo Guaza y se ha ganado el honor de ser un referente literario para otros poetas y de ser él mismo ya una influencia literaria para la comunidad poética global. Con todo, sí me gustaría intuir en él también un aura quevedesca, tanto en el fondo como en la forma de sus poemas, muchos de los cuales encajarían a la perfección en el conceptismo, estilo literario cuyo máximo exponente fue Francisco de Quevedo, al cual hace un guiño Gerardo en el poema «El amor y la muerte», cuya estrofa final termina con el famoso verso del maestro conceptista: «*polvo son, mas polvo enamorado*». A Gerardo también se le mencionaba frecuentemente como poeta local —etiqueta nada desdeñable por supuesto—, pero en mi opinión ya ha traspasado fronteras, las físicas y las del alma, y ya se puede hablar de él como de un poeta universal llamado a seguir compartiendo su alma con las de los lectores del orbe entero.

La madurez, la sabiduría de los años y el buen hacer poético producen obras, joyas literarias, como la que tenemos hoy entre los dedos. Poesía viva para el deleite de nuestras almas cada día más torpes.

Lean este poemario con calma, al arrullo de las horas y sus puntuales minutos, y ya me contarán.

Moisés Stanckowich Isern.
Doctor en Filología

AL ARRULLO
DEL TIEMPO

EL PERCUTOR

Y vuelven el adobe, cierzo y nieve
a percutir sin fin sobre mi frente
en un arma de fuego convertida.
Es entonces mi frente el fulminante
que se incendia y empuja el proyectil
del calibre del tiempo y la memoria.
Pero es también la espuma que corona
los azules del mar y sus arenas
hechas de los despojos de la luz
que la tarde regala a los amantes.
El tiempo recobrado es un arma de fuego
que dispara inconsciente a quemarropa
y a veces nos mutila ferozmente
y otras de sus heridas brotan alas.

HOY NO HAY LUNA

Hoy no hay luna ni estrellas en la noche,
solo nubes que son barcos a la deriva.
Barcos de blancas quillas
y proa como pluma de gaviota
que hienden las ocultas brisas.
Y labran sus azadas marineras
los surcos de las almas pensativas
que buscan las cavernas de los sueños.
Noche que es silencio
y asfalto huérfano
de ruidos y neumáticos.
Las flores se han cerrado a la espera del alba
para lucir de nuevo sus pétalos de luz.
Nada queda en la noche que recuerde a la vida,
solo queda mi alma escrutando los cielos
deseando atrapar esos barcos sin rumbo.
Quiero subir hasta sus mástiles y ver desde su cofa
las estrellas ocultas que desde su no luz
nos hablan de otra vida.

INFANCIA SURREALISTA

Círculos rojos enmarcados en ocre.
Telarañas y polvo conversan en la noche.
Los ratones intentan mordisquear a la luna.
Un toro embiste con sus cuernos de acero
y la luz de la tarde le hace un quiebro rotundo.
A veces sueña el agave con llamar por teléfono
para poder hablar con la rama de espino.
Las nubes se divierten jugando con las olas
de gris fibrocemento.
Las piedras del camino, cuando se aburren,
se lanzan sin pensar
sobre caballeros andantes
abollando sus yelmos.
Los indios de juguete
se esconden en la hierba para huir
de diábolos enfurecidos.

El hombre a veces sueña
estrafalarias cosas como estas
y cree por un momento
que la vida es un libro y sus páginas puertas
que podemos cruzar burlándonos del tiempo.

NO LLORA EL CIELO

No llora el cielo, pero lloran hombres,
mujeres, niños, plantas y animales,
llora todo lo vivo.
La tierra tampoco llora, su piel
se convierte en un puzle,
en un rompecabezas descarnado
en el que solo podemos formar
la imagen de la muerte.
Tal vez solo nos quede ya danzar,
con fuerza golpear la tierra con los pies
y mirar al cielo y rogar
que podamos desaprender.
Que podamos zarpar desde el ocaso al alba
para que el mar y el cielo confundan sus azules
diáfanos y puros y así pueda la tierra
convertirse de nuevo
en el barro primigenio,
en el ocre venero de la vida.

EXTRAÑO OTOÑO

Paseo con el perro
y observo como repta la hojarasca
con la nocturnidad precisa
para ser alimaña
que susurra una extraña melodía
en el brillo lunar de las aceras.
Paseo con el perro
que olfatea en el suelo
tal vez buscando el frío
de este otoño reacio
a ponerse el abrigo
y olvidar el estío.
Paseo con el perro
en este noviembre sin lluvia,
huérfano de paraguas,
donde hasta la nostalgia
pierde la piel como los plátanos.
Paseo con el perro
y pienso que hasta el clima,
disfrazado de anciano
de desfallecida memoria,
anda buscando donde guarecerse.
Paseo con el perro
en este otoño triste

acuciado por el hambre y las guerras
y quisiera poder
bajarme de este mundo
como de un autobús destartalado.
Paseo con el perro
y miro las estrellas, aunque sepa
que ya no están ahí,
como cuando miro las fotos
y sé que solo son
imágenes de almas
que irradiaron su luz
y residen ahora
en el brillante cielo de mis sueños.

ACUMULAR EL PASADO

Los muebles acumulan polvo
y nosotros, pasado.
A los muebles podemos
pasarles la bayeta
y borrar esa nieve sucia
o esa arena inhóspita
que el tiempo fue dejando
hasta que queden impecables.
Ojalá que la vida
nos permitiera a veces ser un mueble
para poder pasar con mano lenta
la indulgente bayeta del olvido.

EL AMOR Y LA MUERTE

Aquel hombre recuerda el funeral
de su tía, la hermana de su padre.
El sacerdote en su responso
disertó sobre el amor y la muerte.
A través de los hombros y cabezas
se clavaban sus ojos en el féretro,
las palabras del cura resbalaban
como arena menuda entre los dedos.
Escuchó la palabra amor
y dejó de mirar el ataúd:
«¿Adónde va el amor cuando morimos?
No puede perecer cuando nos vamos.»
Ahora que ha perdido
aquel hombre a sus seres más amados
se convierte el enigma
en profunda tristeza.
Querría, como el sacerdote,
que el amor venciera a la muerte
y tal vez recitar aquellos versos:
polvo serán, mas polvo enamorado.

EL PINO Y LA BRISA

Sé que no eres
el pino deslumbrante
que cantara el poeta
en cabo Formentor.
Aquel agreste pino,
que era de la naturaleza símbolo,
pero también de un alma
que duda y que se agita
al capricho del viento y de la vida.
Pero tú también eres grande
y tus ramas son brazos
que me abrazan y acunan
a lomos de la brisa.
Tú también puedes ser
imagen de mi alma
que lucha contra el viento del olvido
y se apega a la tierra
en busca del recuerdo.

HORTUS CONCLUSUS

Huelo la hierbabuena
y siento como el tiempo
se abre paso en mi mente.
Las yemas de mis dedos
absorben luz y aroma
en la huerta lejana,
en el *hortus conclusus,*
en el jardín cerrado
donde la felicidad fue tan firme
como las tercas correhuelas.
Ciruelos y manzanos
que los soles desfloran en sus ramas
para hacer eterna la dicha
que compartí contigo
y tus ojos de almendro,
al amor avezados,
donde siempre vivió la primavera.

EL VIEJO TEATRO

Llego al viejo teatro,
entro en el patio de butacas
y me siento despacio.
Se levanta el telón
y en el escenario aparecen
un solo decorado
y un solo actor.
En el decorado un sol que transita
hacia el ocaso bruñendo la calle,
el actor detenido
mirando al sol ponerse.
El actor no habla, tan solo piensa,
pero yo, reclinado en la butaca,
escucho claramente
las voces de su alma:
«Es este atardecer igual a todos
y al mismo tiempo diferente,
sin embargo, este crepúsculo tiene
la facultad de viajar en el tiempo.»
Y así piensa el actor en sus recuerdos.
Ese lánguido sol
también despierta mi memoria
que en los mares antiguos se sumerge
y se pierde en estepas remotísimas.

Escucho un ruido de tramoyas
y el telón baja lentamente,
como una mano que acaricia,
ocultando al actor y al decorado.
Entonces me levanto
y abandono el teatro,
afuera me espera también
el sol hacia el ocaso
bruñendo con desgana
la silenciosa calle.

EXTRAÑA DIRECCIÓN

No entendí que me citaras
en la calle del invierno
y el primer almendro en flor.
Pero llegué y allí estabas
con tu sonrisa rosada,
presagio de primavera.

LAZOS DE AMOR

Geranios, lirios de agua, gitanillas
y unas hierbas verdes y blancas
cuyo nombre ignoraba
crecían en el balcón de mi infancia.
Ha pasado el tiempo y la vida,
aquellas plantas seguro que no existen,
tan solo en mi memoria
o en el ángulo triste
de alguna foto.
Ha pasado el tiempo y la vida,
pero ambos son obstinados y buscan
el eterno retorno.
O tal vez sea la culpable
la terquedad de nuestra mente
o el azar de los ojos y los pasos.
Este azar me llevó
cogido de la mano la otra noche
hasta aquellas desconocidas plantas
y descubrí su nombre
después de tanto tiempo:
se llaman malamadre.
Entonces rememoré aquel balcón
y embriagado en fragancias
de los viejos crepúsculos
descubrí que tenían
otro nombre más cierto,
ya que también se llaman lazos de amor.

SOLEDAD

«… quien habla solo espera
hablar a Dios un día…»

A. Machado

Pasea la soledad a mi lado
y se encarna en un árbol
que a veces me presiente
y me susurra versos
con la trémula voz del viento.
A veces es la hierba
la que con su lengua de briznas
me habla de amapolas y de espigas.
Y en otras ocasiones soy yo mismo
que me observo en las aguas
y hablo con mi reflejo.
Cuando regreso a casa
ella, fiel compañera,
cruza el umbral conmigo.
Enmudecen los árboles, la hierba
y hasta yo mismo. Es puro el silencio.
La soledad se adueña
de todas las estancias
y se acuesta procaz sobre las camas,
me acecha como espía
desde oscuros rincones y cornisas.

Es una fiel amante
que descubre mi piel y me acaricia.
A veces hablo solo,
pero no espero como Antonio
que los dioses me escuchen,
solo deseo que mi voz
se convierta en la pluma y en la mano
que ahora mismo, huyendo de mi amante,
está escribiendo este poema.

DESPERTAR

«Por el camino verde camino verde que va a la ermita
desde que tú te fuiste lloran de pena las margaritas...»

CARMELO LARREA

Las ocho y veinticinco.
No necesitaba el sonido
del dial luminoso.
Tu voz me despertaba
con alguna canción
de infancia y de posguerra.
El café con leche caliente,
como a ti te gustaba,
y el pan migado con cariño.
Me vestía y zarpaba
hacia el mar laborioso de la vida,
hacia ese mar que odiaba,
sus olas me apartaban de la dicha.

ME GUSTA RESPIRAR

Me gusta respirar
el aroma incipiente
de la flor no nacida.
Me gusta descubrir
el pétalo escondido
en las hojas de un libro.
Me gusta deshojar
con la vista y la mente
imaginadas flores
y libros que penetran
en los surcos del alma.

NIÑO EN LA ESCUELA

Un niño está sentado
con su bata de rayas
en la alta silla del maestro,
—los pies no le llegan al suelo—,
en la mesa hay un atlas
abierto y un globo terráqueo,
al fondo la pizarra
dibujando planetas.
La mirada del niño,
nítida como el cielo en primavera,
quiere atrapar las páginas
y sonríe con la dulzura
que solo puede dar
esa miel de la infancia y la inconsciencia.
La mirada del hombre
acaricia la foto en blanco y negro,
también sus dedos palpan
aquel tiempo lejano
e intentan atraparlo.
Pero el niño está lejos
y sus ojos son limpios
como el alba reflejada en un lago.
Los del hombre, ahítos ya de soles
y también de tormentas,
están oscurecidos
por el tiempo y el barro.

DE MEMORIA SEDIENTO

Ciprés de mi infancia
que altivo te yergues todavía
y con tu copa descubres
en donde brota la luz.
Mis ojos de niño te miraban
y soñaban con subir
hasta lo alto del cielo
como en aquel viejo cuento.
Todavía no sabía
que ayudabas a las almas
a navegar en lo incierto.
Entonces era la vida
un juego siempre perenne
que desde lo alto velabas
con tus hojas siempre verdes.
Cuando ahora te contemplo
tu fronda me trae recuerdos,
aquellos soles de infancia
llenos de brisa y de aromas,
plenos de dicha y anhelos.
Tú sigues firme y erguido,
yo de memoria sediento.

LOS ZAPATOS

Voy a calzarme y miro mis zapatos.
Me dan miedo sus bocas enormemente abiertas.
No sé si gritan de rabia o se ríen de mí
a mandíbula batiente.
Tengo miedo de meter mis pies en esas fauces
que parecen insondables.
Por eso les miro a los ojos y les sonrío
mientras atuso sus bigotes.
Cuando veo que se calman
y parece que se ríen
introduzco mis pies
en su aparente carcajada
y salgo caminando.

FOTOGRAMAS

A mi prima Beatriz,
por ayudarme a recordar.

Es tan triste constatar el olvido…
Encontrar unos cuantos fotogramas
de lo que la certeza nos indica
que fue un largometraje denso y bello,
tal vez rodado en blanco y negro
a la manera de la *nouvelle vague*
o tal vez lleno de color
y rodado en cinemascope.
Porque esos pocos fotogramas
que yacen bajo el polvo del estudio
un director travieso los cortó
para poder salvarlos
del incendio voraz de la memoria.
Apenas el celuloide registra
el roce de unas manos,
un ruido de cristales
y un enorme letrero
donde ponía Coca Cola.

ÁRBOL DEL PARQUE

Bajo tus ramas vuelvo a cobijarme,
árbol del parque.
Bajo tus hojas
recién amanecidas
a la luz de la primavera.
Bajo tus ramas y tus hojas
recibiré tu sombra
como leve caricia del pasado.
Un tiempo me alejé de ti,
árbol del parque,
porque en el contraluz
de las hojas y el fulgor del estío
jamás veía el rostro de mi madre.
Siempre eras tú
el alto en el camino,
el reposo y la mirada
antes de llegar a casa.
Pero vuelven de nuevo a ser cobijo
tus ramas y tus hojas,
cuando baje la vista
mis pupilas serán brillantes zarpas
que hozarán en la luz
hasta encontrar el rostro de mi madre.

DE OTRAS MANOS Y OTROS DÍAS

Arrastro con hastío
las migas de la mesa
con la oscura caricia
de los dedos y palmas de mi mano.
Lo hago con fruición,
mientras tomo el café con las tostadas,
y voy amontonándolas.
Pero esas briznas diminutas
se instalan en los surcos de mi mente
y germinan los granos del recuerdo.
Y me llevan mis manos a otros días
y también a otras manos.
Cuando las de mi madre
al lado de las mías
extendían montañas de lentejas
para formar un llano
donde con paciencia separábamos
las piedras y los yeros
que como polizontes navegaban
en aquellos fardeles que mi madre cosía
en oscuras telas a cuadros.

¿CON QUÉ SUEÑAN LOS PÁJAROS?

A veces me pregunto con qué sueñan los pájaros
dormidos en los álamos que abrevan en el río,
ese río que arrastra el fulgor de la luna
al peinar sus cabellos.
Tal vez sueñan que vuelan hasta el sol
para allí convertirse en la más pura luz.
O tal vez como cantan acunando las hojas
y susurrando al viento que se lleva la tarde,
sueñan que son nada más que sonido
que el crepúsculo cruza buscando a los amantes.

A veces me pregunto
si podré soñar algún día
que soy un simple pájaro
hecho de luz y canto.

EL AVE EN EL PUENTE

Es un puente entre cañas
donde se posa el sol cuando atardece
como un ave benigna.
Un ave que en sus alas porta
la luz de la memoria
que acaricia a las piedras y a los seres,
a todos por igual.
Un ave que en sus plumas
lleva el aire de un tiempo ido
y también las palabras
que un día se dijeron
en el feliz remanso
de un río que no existe.
Un ave que despega y sobrevuela
las montañas y valles
hasta llegar a los eriales
donde el barro y la paja
le invitan a posarse y hacer nido.
Y allí el ave despliega
nuevamente sus alas y sus plumas
y regurgita la memoria
que entre las cañas de los trigos
se torna sangre y carne.

UNA TAZA Y UNAS FOTOS

Hoy he medido el arroz
con aquella taza verde
de café que siempre usabas.
Entonces te rememoro
vigilando las cazuelas
y probando la comida.
Allí, de pie en la cocina,
te hice con el teléfono
una penúltima foto:
vestida ya como siempre
con aquella faja gris
que sujetaba tu cuerpo
desgastado por el tiempo.
Pero la última foto
fue sentada en tu sillón
con tu corona de reina,
ignorábamos entonces
que no habría más fotos
ni más Navidades juntos.

LA LUNA Y LOS FANTASMAS

Es de noche, la luna
golpea los cristales con su luz
y esculpe brillos en los muebles
del comedor a oscuras.
Desde mi cama observo
las manos de la luz
que con sus dedos de sueño dibujan
unas sombras chinescas
que danzan y me parecen fantasmas.
Entonces me levanto
y voy a vuestra puerta,
allí paciente espero
con la luna y las sombras a mi espalda
que me veáis y me llaméis
para poder dormir entre vosotros,
en ese paraíso en que no existen
ni miedos ni fantasmas.

PALABRAS

Hay quien dice que las palabras
el viento se las lleva,
por eso se labraron
con surco laborioso
en la piedra perenne.
Después la tinta
acarició el papiro
y la piel del cordero
en la lejana Pérgamo.
Pero vuestras palabras
apenas se fijaron
en unas pocas cartas
borradas por el tiempo y el olvido.
Por ello es mi memoria
la piedra y el papiro,
la piel raspada del cordero.
En ella están escritas
con la tinta indeleble de la vida
esas palabras como flores
que brotan en la luz sin yo quererlo:
adobe, chupitel,
trébedes, majuelo, fardel,
arrecirse, cepa, chiguito,
y otras tantas que forman
un léxico que huye,
pero que yo resguardo
en el aprisco de mi mente
como una ofrenda a vuestro amor.

EL VIDRIO ESMERILADO

Son la felicidad y la belleza
objetos tras un vidrio esmerilado
cuando se desvanece lo que amamos.
Los surcos de ese vidrio
no se pueden borrar,
ni lágrimas ni olvido son capaces
de aclarar el cristal ni la mirada.
Es todo bruma y espesura
cuando el amor se va
y huye con él la transparencia.
Es entonces la luz
herida por la ausencia
y se torna translúcida,
opaca claridad que apenas
nos deja ver marchitas flores
y recuerdos ajados
del tiempo en que fuimos felices.

LA VITRINA

Miro nuestra vitrina,
yacen allí las copas y las tazas
protegidas del polvo y del olvido
por un cristal que apenas toco.
Ese cristal que ahora
refleja en la humildad de la mañana
mis ojos silenciosos.
Mis ojos que acarician
los bordes de esas tazas y esas copas
huérfanas ya de manos.
Allí dejaron vuestros labios luces
que solo mi mirada
puede reconocer y preservar
de las obscenas sombras que proyecta
la arboleda del tiempo.

LA ILUSTRACIÓN

Un muchacho se pone sus calcetines nuevos
en una ilustración de un libro de francés.
Desconozco si el libro aún descansa,
después de tantos años,
en algún viejo estante de mi casa.
Desconozco también
por qué esa imagen aparece
de forma recurrente
en mi memoria año tras año.
No recuerdo la cara del muchacho
ni la cama o la silla en la que se sentaba.
Solo vive en mi mente la forma en que cruzaba
la pierna sobre la rodilla
y sus manos que acaban
de ajustar suavemente el calcetín.
Y sigo todavía preguntándome
por qué esa imagen en concreto
se alojó en mi cerebro.
Lo único que puedo contestarme
es que a mí los dibujos de los libros
me han parecido siempre
una manera limpia
—ajena a las oscuras servidumbres
que lo real impone—
de reflejar la vida.

LA COCINA ANCESTRAL

Abro los cuarterones y entra luz
a raudales. Con esa luz dorada
también entra el recuerdo de la dicha.
Se adueña lo vivido de la estancia
y yo me desvanezco en las grietas del tiempo.
Mi abuela está sentada al lado de la lumbre,
acaba de poner las cepas y la paja
y ya la leña empieza a decir con fulgores
palabras como hogar, como familia.
El abuelo se sienta en el viejo sofá
con su traje de pana.
Entonces aparece un niño en la cocina,
él le llama y le sienta en su regazo.
La nieve de su cara
con sus copos araña las mejillas
del chaval que se zafa para asir una lata
bellamente ilustrada.
Corta el abuelo el dulce de membrillo
y el niño lo disfruta con deleite.
El sol de la ventana se refleja en el suelo,
esa luz a raudales me devuelve a mi tiempo.
La cocina ancestral,
espacio de la dicha y la memoria
que cobija la dulce eternidad,
la inconsciencia infantil de los relojes.
Cierro los cuarterones,
la luz se desvanece y yo con ella.

PÉTALOS DE LUZ

«Recuerdo que pensé que los ojos no tienen edad,
que te mueres con los ojos del niño…»

PHILIPPE CLAUDEL

Ojos castaños y grises
que se abrieron a la luz
en aquellas primaveras
anteriores a lo oscuro.
Gélidas primaveras
donde la vieja escarcha
con paciencia adiestró vuestras miradas
al milagro del hielo y de la luz.
Más tarde se avezaron
vuestros ojos también
al resplandor turquesa de las aguas
y al verdor incesante de los pinos.
Hermosos ventanales vuestros ojos
a través de los cuales
pude entender la vida y sus misterios
y que algunas pupilas
están hechas de amor.
Limpios hasta el final
como la flor inmaculada
de pétalos de luz
que brota con ternura
de los ojos de un niño.

ÁNFORA

Lloramos y sufrimos al nacer
y también al morir.
Esos son los paréntesis
que abren y que cierran nuestra vida.
Son esas simples curvas
las que forman el ánfora
—el sacro recipiente
alumbrado por líquenes y arena—
que en su interior encierra
la frase, agridulce como el vino,
del dudoso existir.

STILL LOVING YOU

He escuchado en la radio esta mañana
Still loving you, bella
balada de Scorpions.
Sus notas me han llevado
a acordarme primero de Manuel,
compañero común en el colegio.
A lomos de las *Gold Ballads*
íbamos a la universidad,
la vida cabalgábamos
a través de los prados
interminables del futuro
que para él no lo fueron.
Después me acordé de ti, cara niña
serás siempre en mi pecho.
Tu muerte, tan reciente y sorpresiva,
ha devastado mi alma
y quisiera pensar como en esa canción
que a pesar de los muros de la vida
y también de la muerte
te sigo amando todavía.

LOS UMBRALES DEL TIEMPO

El jardinero riega
esos cipreses nuevos que han plantado
en el lugar en que estuvieron
otros altos y fuertes que el vendaval taló
con su hacha impalpable.
El jardinero riega
y empapa con el agua clara y fresca
la tierra y mis recuerdos.
Entonces os contemplo allí sentados,
en el banco de siempre,
hablando al sol del mediodía
de otros soles de siega y de cosecha,
de la luz en las cepas,
de la escarcha quebrada en el olvido.
El jardinero riega
y quisiera poder beber
de esa agua clara y fresca,
de esa líquida luz que cruzar me permita
los umbrales del tiempo.

LAS MANOS DE MI PADRE

Hoy recordé tus manos,
el sollozo del agua
—un grifo goteando—
me hizo verlas de nuevo.
Eran pequeñas y enjutas tus manos,
surcadas por colinas y por valles abruptos
que formaban tus venas.
Eran también morenas,
el sol indefinible de los páramos
en ellas escribió su agreste nombre.
Tus dedos eran fuertes,
pero estaban marcados,
los golpes del trabajo y de la vida
estamparon también su dura firma.
Firmes fueron tus manos,
blandas en la caricia y compañeras siempre
de mis juegos de infancia.
Con amor dibujabas,
haciendo varios trazos con el lápiz,
señores con bigote para hacerme reír.
Me enseñaste también
a hacer bellos aviones de papel
que surcaban los cielos,
era breve su vuelo y su aterrizaje azaroso
como la propia vida.

Ni un poema ni un libro
podrían explicar el fulgor de tus manos,
esa luz hasta el final cuidadora
que siempre sentiré posada en mi cabeza.

UNA PLAYA EN BORA BORA

Hablamos de viajar a Bora Bora
cuando el cierzo y la nieve
peinaran nuestro pelo.
A la orilla del mar,
entre ásperos licores
del color de tus ojos,
nos beberíamos la vida.
El rumor cadencioso de las olas
arrullaría las palabras
en la cuna feliz de nuestros labios.
Y la arena sería
ese lugar de amarras
donde la esbelta noche se cobija
y anuda a las estrellas nuestros brazos:
bellas nupcias uncidas por la brisa.
Pero fue el mar un hado traicionero
y te llevó a otra playa
donde las olas tejen en la arena
unas velas oscuras que te llevan
a ese puerto lejano
que mi barco no alcanza.

EL OSO DE PELUCHE

Un oso de peluche entre cascotes
mira al cielo plomizo y se pregunta
qué ha sido de los niños
que jugaban con él.
Y también se pregunta
por qué ahora las casas y los muebles
son un rompecabezas,
un dramático juego
que parece imposible de montar.
Solo canta el silencio entre las ruinas,
las voces de los niños
marcharon ateridas
huyendo de la muerte.
Esa infancia feliz,
ese grato lugar al que volvemos
cuando tenemos miedo,
les ha sido abolido por el odio
a esos niños huérfanos del tiempo
que ya no jugarán
con ese viejo oso de peluche.

PÓLVORA AGUADA

Como rosados pétalos
estallan en mi mente los recuerdos.
El percutor atrapa al fulminante
y huele la memoria
a pólvora que es bruma
disuelta en el olvido.
Corremos calle abajo,
persiguiéndonos, mis primos y yo.
El quiosco era el refugio,
la roca erosionada
donde poder zafarse de las balas
que solo eran sonido entre las risas.
Acabada la infancia
la vida se convierte
en fugaz espiral de fulminantes.
Nos quedan cada vez menos disparos
y la pólvora aguada de la vida
entonces nos parece un parpadeo.

SURCOS DE GRAFITO

Veo como mi mano
subraya con el lápiz
la belleza de un verso en un poema
o inventa amaneceres
en las desiertas márgenes
del río de palabras.
Surca el terco grafito
ese río encrespado de ilusiones
y su quilla se impregna
de la fugaz esencia de la espuma.

Duermen los poemarios
en los viejos estantes de mi casa.
Cojo uno y lo abro al azar,
allí veo las marcas,
esos hitos que el lápiz fue dejando
para grabar lo bello en mi memoria.
Y entonces me pregunto
qué será de esos libros
que he ido atesorando
cuando yo ya no esté.
¿Qué manos abrirán
esas trémulas páginas
y qué ojos mirarán
esos rastros inquietos de grafito
que mi alma fue dejando
para otras memorias improbables?

Y también me pregunto
si esas manos y ojos del futuro
podrán adivinar
a través de esos surcos minuciosos
la luz y la pasión
que en mi alma dejaron
aquellos dulces versos
ajados levemente por el tiempo.

EL HOMBRE QUE FUE NIÑO

El niño en el carrito
mueve feliz los brazos y las piernas
a la vista del parque y los columpios.
Después mira hacia arriba y hacia atrás
en un feliz alarde
de blandas cervicales
y contempla la cara
sonriente de su madre
enmarcada en el cielo.

El hombre que fue niño
ahora empuja la silla con firmeza
tensionando sus brazos y sus piernas.
Apenas mira el parque.
Con un esfuerzo leve
de duras cervicales
contempla con cariño
la cara sonriente de su madre
enmarcada en la escarcha del cabello.

APREHENDER LA LUZ

A Antonio Machado

¿Cómo aprehender la luz del tiempo ido?
Busca la memoria en los azules
de playas escondidas entre espumas
y de cielos que juegan con las nubes.
La luz tamiza los recuerdos dulces
y los convierte en una miel
que solo pueden emular
aquellos íntimos atardeceres
que acariciaban cálidos los páramos.
A veces me parece
que los ojos del tiempo
no pueden replicar
aquellos lejanos destellos
cubiertos por el polvo y el olvido.
Pero posiblemente no sea cierto,
ya que cuando doblamos una esquina
esa luz atrapada
por las sombrías manos del pasado
se deposita suave en nuestros ojos
como un vilano incandescente.
Y entonces nos sorprende nuevamente
el azul de ese día reflejado
por los últimos versos de un poeta.

PRIMAVERA DE INVIERNO

> *«Primavera d'hivern, primavera d'istiu.*
> *I tot es primavera i tota fulla verda eternament.»*

JOAN SALVAT-PAPASSEIT

Llega septiembre, como siempre hermoso,
con ese limpio aire que marcea
y ese sol abrileño que atraviesa las frondas
y acaricia los pájaros.
A veces los poetas
han cantado a un otoño macilento,
engarzado en el tedio y la bruma
como un feo rubí en una joya oscura,
a un otoño gris tan solo redimido
por la lluvia trazando en los cristales
los tenaces senderos del olvido.
Pero existe este otoño de septiembre
donde el alma se escapa del estío
y marcha a lo remoto de las fuentes
y a los claros meandros de los ríos
en busca de palabras y de luces,
en busca del sinónimo y el brillo
de esta sutil y bella primavera.

VIDA LABORAL

He pasado mi vida
entre clips, grapadoras y bolígrafos,
entre máquinas de escribir que luego
fueron ordenadores.
Encerrado en archivos
con polvo en los estantes
y algo de claustrofobia en las carpetas.
Carpetas que abrazaban con sus brazos
de goma y de cartón
las vidas de papel que yo guardaba.
Vaga a veces mi mente todavía
entre contratos, nóminas, seguros
y expedientes tediosos que recuerdan
horribles pesadillas
que dejan los vestigios de mi piel
adheridos a extraños documentos.
De haber escrito tanto y calculado
en mí se despertó
más tarde la manía
de unir palabras que creía hermosas
y calcular después
sus sílabas y acentos.

EL ZURCIDO

Hallé una camiseta en el armario,
estaba en un cajón
cubierta por el tiempo.
Se escondía en el fondo
con esa timidez que dan los años,
con ese pudor lacio del olvido...
Cuando pasé mis manos
sobre la vieja tela
encontraron mis dedos un zurcido.

Mis manos y mis dedos
han zurcido el papel con una pluma
para recomponer la tela de la vida.
Tú apenas escribiste,
tan solo algunas cartas a tu madre,
pero aún veo tus dedos y tus ojos
enhebrando la aguja
y zurciendo también
—*acurcuñando*, como tú decías—
los sietes de la vida
y escribiendo en la tela
con tus firmes puntadas
las palabras de amor más entrañables
que jamás se dijeron.

DE LA NATURALEZA

Ralentizar el tiempo,
que la brisa se calme,
que una nube acaricie con su sombra
el recodo del río donde habitan
el rumor y el silencio.
Que esa sombra que es mano
se sumerja en el agua
y allí se convierta en brillo de pez.
Ralentizar el tiempo
para poder vislumbrar en el aire
el tibio amanecer
de los pétalos tiernos en el cáliz
y después admirar
de qué forma la flor se desvanece
para que el fruto nazca.
Así después podremos preguntarnos
el porqué de la efímera belleza
y si el fruto adivina
que en su afán de proteger la semilla
abatió lo inefable.

SE DESMAYÓ LA TARDE

Más que caer la tarde se desmayó en mis brazos,
no sé si un beso mío podrá resucitarla.
Las nubes carmesíes tienen forma de labios
que esperan de los míos esa dulce caricia
que tal vez las convierta en las luces del alba
sin pasar por la noche.
Tarde desvanecida que invoca a la memoria
de otras tardes antiguas que tenían también
la forma de unos labios y un regazo
que invitaban lascivos al desmayo feliz
abjurador del tiempo, procurador de olvido.

LA TEMPESTAD

Cesa la terca lluvia.
Una mano de luz aparta delicada
el velo de las nubes
y aún mojada, esparce por el campo
los últimos destellos
que convierten el agua en pequeños arcoíris.
Brillan recién lavadas
las plantas y las hojas,
de las breves agujas de los pinos
penden en un efímero equilibrio
diamantes traspasados por el sol.
Los charcos en la hierba
son lagunas teñidas por el jade
y las flores que cubren
a la Ofelia del lienzo de Millais.
Todo parece nuevo, primigenio,
hasta aquella ventana,
esa frágil vidriera de colores
a través de la cual tal vez poder cruzar
la solidez del tiempo.

BORGES

Del orbe y de la historia nos hablaste:
que el tiempo y nuestra vida eran un río
ya lo dijo Manrique y no le citas.
La herrumbre de la espada,
la arena, el polvo, el mármol
y unas fechas grabadas
son también las secuelas del olvido.
El agua en la clepsidra
y la arena en el vidrio
son esos instrumentos fugitivos
que miden esa luz que a veces somos
y siempre nuestra sombra.
Cantaste en tus milongas
al puñal que se esconde bajo el saco
y que busca la sangre con ahínco.
Al tigre de oro y sombra
también le dedicaste tus palabras
que fueron jaula y selva al mismo tiempo
y también laberinto.
En tu triste ceguera mirabas al espejo
que aunque tu rostro exacto duplicaba
el brumoso cristal de tu memoria
torna ajeno a la plata y al olvido.
Cuando el sol se ocultó tras el ocaso
tu mundo se encerró
en una biblioteca de recuerdos
cubierta de anaqueles y de polvo.

Allí en la penumbra de la tarde
surgían de tu voz las nítidas palabras
de tus versos que como blanca nieve
cubrían suavemente
las páginas de tierra de los libros.
Antes de que te fueras
tal vez en una noche me soñaste
escribiendo en el futuro este poema.

LOGAN

Es extraña la vida.
Cuando crees que en lugar de piel tienes coraza,
una coraza dura y resistente
a cualquier tipo de magulladura,
una coraza adicta a cicatrices,
pero insensible ya al filo de la espada,
resulta que es mentira.

Cuando te vi en la jaula
tumbado e indefenso,
sabedor ya de tu partida,
vinieron a mi mente
nuestros paseos por el campo
y tus galopes hacia mí
como caballo de juguete…
Te acaricié la oreja como siempre
y entonces, de repente,
la lluvia de mis ojos cayó sobre tu pelo.
Fue tu última lluvia.

EL ÁLBUM

Aquel día nos dieron en la escuela
un álbum titulado
El porqué de las cosas.
Los cromos ilustraban con sus vivos colores
enigmas de la ciencia y de la vida
que nos harían sabios y felices.
Cuatro letras debajo de las bellas estampas
el misterio explicaban dando luz a la duda.
Ahora que ha pasado medio siglo
—breves gotas de lluvia en el asfalto—
me es imposible encontrar aquel álbum
que ya tan solo vive
en la leve buhardilla de mi infancia.
Apenas ya recuerdo ni cromos ni misterios,
pero el paso del tiempo no me ha hecho
ni más sabio ni feliz,
tal vez fue lo más sabio y más feliz
aquel álbum lejano
y aquella luz que atravesaba el aula.

TRES GRADOS BAJO CERO

Hoy han dado en León tres grados bajo cero
y he revivido entonces
la memoria del frío en vuestros genes.
Y os he visto de niños
rodeados de escarcha y de «pelonas»,
curtiendo vuestros ojos y también vuestra piel
en el brillo del sol y de la nieve.
Os he visto jugar con los carámbanos
y romper con los pies entumecidos
el cristal de los charcos camino de la escuela.
Y cuando fuisteis padres
velar por el calor de vuestros hijos:
los abrigos, bufandas y guantes
revisar con esmero
aunque aquí la intemperie fuera menos.
Pero el frío llevasteis
perenne en vuestra alma y vuestra sangre
y ni el sol ni la arena ni el paso de los años
jamás borrar pudieron el frío de la infancia.

EL PÚGIL ABANDONA

Estoy leyendo un poemario
en la habitación de mis padres.
Los versos me conminan insistentes
a golpear a la nostalgia
como si fuera un púgil de boxeo.
Miro por la ventana
y contemplo a las nubes de la tarde
navegar como pétalos al viento.
Cuando vuelvo a leer
el poema me sigue recordando
que debo golpear a la memoria
hasta hacerla caer sobre la lona.
Cuando la cuenta atrás llegue a su fin
en alto elevarás el puño del olvido.
Pero dejo los golpes y me quito los guantes,
no deseo tumbar a la nostalgia.
Arrojo la toalla mientras miro
la foto en blanco y negro de mis preparadores.

LA TIERRA Y LA ESCARCHA

A veces me pregunto
por la delicadeza de mis padres,
¿sería algo heredado o adquirido?,
ya que fueron el fruto aleccionado
de la dura posguerra.
A la escuela asistieron hasta sus trece primaveras
o catorce tal vez.
Aprendían a leer y escribir,
de la Historia de España cuatro hazañas
y la Historia Sagrada en una enciclopedia
sobada por los dedos ateridos
de aquellos niños hijos de la guerra.
Más tarde el trabajo en el campo
o cuidando el ganado,
siempre con el temor y con el frío.
Después la emigración a Barcelona.
mucho trabajo y poco sueldo,
ahorro y sacrificio
para poder comprar una vivienda.
Sin tiempo para nada,
el tiempo justo de aprender
del aula despiadada de la vida.
Por eso a veces me pregunto
con qué brillo de escarcha se forjaron,
en qué tierra ancestral les alumbraron:
recios como la tierra, tenues como la escarcha.

LOS DÍAS ANÓNIMOS

Odio las fiestas de guardar,
pero no por la fe difuminada,
sino porque esos días
son como armarios que se abren
—sin nosotros quererlo—
y sus puertas abiertas nos obligan
a husmear con ahínco en los recuerdos
y gozar de su olor a naftalina
para una mayor gloria
del dios de la tristeza.
Prefiero los días anónimos,
esos días perdidos en la humilde
hojarasca del calendario,
en la broza aplastada del olvido.
Esos días que pueden ser de otoño,
pero también de primavera,
son los días que apenas tienen nombre,
ni siquiera memoria de sí mismos.
Son limpios como el cielo que les cubre,
azules como el mar que les alienta,
nacen para vivirse sin pasado
como si al fin brotáramos de nuevo.
Pero estos versos que aquí veis,
que se desgranan de mi mente
como las cuentas de un rosario,
los escribo a la sombra de la ajena alegría,

antes que den las doce campanadas
y se repita el rito
—que intenta engatusar a la fortuna
y tal vez endulzar mis paradojas—
de las uvas y el cava.

LAS PALOMAS Y EL ALMEZ

Picotean palomas en un charco
del parque, nuestro parque.
Allí beben la luz que el torpe sol de invierno
promete a sus amantes.
Mira el almez desnudo
el libar presuroso de las aves
y quisiera esa luz para su savia.
Sus ramas enjutas se estiran,
son dedos que pretenden
embarcar en la brisa y avanzar en el tiempo
para vestir sus hojas y ser de nuevo cúpula
que regale su sombra al caminante.
Alguien le ha dibujado
un feo corazón en su corteza
desconociendo el torpe dibujante
que ensucia lo que es símbolo
de amor para un poeta.
Las palomas se asustan al moverme
y allí queda la luz del sol de invierno
en ondas esparcidas por el charco.
Se marchan los ensueños con la brisa,
también la primavera presentida.
Solo queda el invierno, las palomas en vuelo,
el viejo almez desnudo y el parque solitario.

EL CAMINO

Este tramo de vida
que me toca transitar sin vosotros
es arduo y pedregoso.
Se me llagan los pies en la pendiente
y se arañan mis manos con espinos.
Mis ojos solo ven las brumas en la cima
y el cielo enmarañado,
mis piernas y mi pecho se fatigan
y mi mente no atisba el horizonte,
que solo es un presagio.

Quisiera caminar por la llanura,
sentir bajo mis pies el suave prado,
conversar con las aves y los árboles
y beber en el agua de las fuentes
el bello advenimiento de la luz.

Para hallar el camino que me lleve
de la agreste tristeza a los fértiles campos
necesito sentir vuestro recuerdo
como una flor de pétalos de mayo
que ha de darme la paz
y alegría a mi canto.

EL GESTO INESCRUTABLE

Dicen que los designios del Señor
son asombrosamente inescrutables.
Descubrí la otra noche que las frivolidades
de nuestra mente caprichosa
también lo son.
Quería yo sacar
la pierna de debajo de la manta
y entonces recordé
el cuento de los siete cabritillos
que siempre nos contabas
o también aquel otro que inventaste
haciendo que el relato sucediera
allá en la Celulosa de Sahagún.
Caprichosa es la mente,
inescrutable su designio
que permitió a un gesto traspasar
el pertinaz brocal que esconde los recuerdos
y rescatar tu voz del agua del olvido.

POEMAS DE HOSPITAL

I

Por estas escaleras
desciende a veces la luz de la tarde
y forja en breve instante
un acuerdo frugal con la belleza.
Por un momento cede la tristeza
y se ovilla en sí misma
hasta hacerse invisible
como un gato asustado.
Es esa luz que apenas intuimos
cernerse como grano
a través del cristal.
Es esa que aventamos
en la era del alma
para ofrecernos esa tregua
que nos permita acarrear
la carga de tristeza y esperanza.

II

Recibe el viejo ciprés
la caricia de la tarde
como hace siglos sus padres
en una isla lejana.
Su copa es vela que corta
el azul del mar y proa
que busca el amor del viento.
Sempervirens, siempre verde,
también clava su saeta
en el otro azul eterno
donde moran los que amamos.
Juegan siempre dos colores,
esmeralda y lapislázuli,
para hacer que nuestros ojos
se sientan de nuevo árbol,
cielo y mar, humilde tierra
donde poder refugiarnos
en busca de la belleza.

III

¿Qué podemos decir sobre la lluvia
que ya no se haya dicho?
Hablar de mansedumbre si es llovizna
como la que hoy contemplo
llorar en la ventana y resbalar
entre las rojas tejas
de un antiguo hospital.
Hablar también de esa lentitud
de viejo buey cansado
que nos mira con ojos aburridos
o de ese demorarse en las estrellas
como aquella fiel nieve de mi infancia.
Tal vez haya otro día
que os hable de una lluvia
caprichosa que traiga otros recuerdos,
pero hoy os he traído
la lentitud del cielo,
la bella mansedumbre,
el susurro del tiempo.

IV

Veo al sol de la tarde
deslizarse feliz sobre las tejas,
parece un niño travieso jugando
en un viejo y rojizo tobogán.
Mi padre las llamaba tejas árabes,
recuerdo que cubrían
la casa familiar de mis abuelos.
Humildes protegían
de la nieve, de la lluvia y del viento
el cariño y el fuego.
Era de barro cocido su alma
como de tierra húmeda y de paja
las paredes de esfuerzo
en que se sustentaban.
Paredes que le dieron
a mi infancia el amor y la memoria
de todo lo que es bueno y hermoso.
Y este sol de la tarde
que ahora se desliza
sobre unas viejas tejas
es símbolo del tiempo
que se convierte en suave tobogán
por donde sin remedio
resbala nuestra vida
y nos lleva al pasado y al recuerdo.

V

El arbusto medra al sol
en una esquina imposible,
en un rodrigón de luz
apoya sus firmes ramas
y en unas tejas de barro
se alimenta de la lluvia.
La vida a veces encuentra
insospechadas maneras
de abrir tenaces caminos
buscando la permanencia.
Estos versos de hospital
son también como ese arbusto,
se sostienen en el aire
levísimos como plumas
y buscan ese resquicio
en las paredes del alma,
ese puñado de tierra
que les permita vivir
más allá de la tristeza.

VI

Estas flores de invierno
en este día triste, gris y ocre,
esperan un pincel impresionista
dibujando la lluvia.
Son sus pétalos tímidos
y asustados se esconden en el cáliz
esperando la luz
de la cercana primavera.
Estas flores del final del invierno
son apenas visibles
para los ojos tristes y cansados
carentes de esperanza.
Peros los ojos ávidos de vida
son sensibles a sus mínimos pétalos
y mirando felices agradecen
ese atisbo de luz.

VII

La ola cuando llega
la arena arrastra hasta la orilla.
Cada grano que besa nuestra playa
es vivencia azarosa
que acaba conformando nuestra vida.
Cuando se va la ola
buscando bajamares de la luna
se lleva hacia lo hondo
los días con sus albas y sus noches.
Entonces cada grano
se convierte en recuerdo,
en brizna de memoria
que va enturbiando el agua.
Solo la sal del mar
a veces convertida en una lágrima
puede hacer el milagro
y conseguir que esa arena perdida
se adhiera a nuestras manos
y retengan el tiempo
como en un cuenco mágico.

VIII

Depósito de agua
que al verte te conviertes en clepsidra,
pero no para escrutar
el tiempo de la noche,
sino para evocarla.
Recuerdo otros depósitos
en la estación del pueblo
pugnando con la luna y las estrellas
en el satén del cielo.
Recuerdo los andenes
y también el amor y los abrazos,
la subida a la casa
a través de la escarcha que crujía
bajo pesadas botas.
La llegada al hogar de los abuelos,
el calor de la lumbre y de las trébedes,
mirar por la ventana y ver la nieve,
después sentarse al fuego
y en la mesa camilla desgranar
la vida transcurrida
desde el último encuentro.
Depósito de agua,
cuando ya los recuerdos se diluyen
en el fondo de mi alma y de la tuya,
dejas de ser clepsidra.

IX

Se esconde entre estas flores,
jugando con sus pétalos de nieve,
este sol de la tarde
que con su luz alumbra el hospital.
Brillan las flores en el campo agreste
y nos regalan su eterna alegría,
brillan también en nuestras azoteas
y nos hacen felices
porque evocan tal vez
otros espacios y otros tiempos.
Demos gracias entonces
a los dioses y a la naturaleza
porque existen el sol
y su luz en los pétalos
que nos permiten en lo inhóspito
seguir amando lo vivo y lo bello.

X

Decrepitud y muerte
nos trae el tiempo infame.
Es el ciclo sin fin
de la naturaleza.
Me lo recuerda el sonido
de una habitación vecina.
Limpia la lluvia mansa
una flor ya marchita
y entonces me pregunto:
¿Puede hallarse la belleza
en los pétalos caídos?
¿Pueden ser aún hermosos
unos labios exangües?
El tiempo y la naturaleza
son estrictos y avaros,
no se conforman solo
con el óbolo de Caronte,
nos exigen la moneda
del dolor y el sufrimiento.
Por eso pido a los dioses
que en mi próxima vida
me dejen ser flor o río.

XI

Estoy pelando una naranja
con la navaja de mi padre.
Hoy hubiera cumplido
noventa y cuatro años.
Su amor fue tan inmenso y silencioso
como esa densa nieve
que en la fotografía nos rodea.
Por eso hoy me siento
un poco como nieve solitaria
al borde del camino
esperando ese pájaro
que escriba con sus huellas
esas breves palabras
que él siempre me dio
y fueron mi cobijo.

XII

El diente de león sobre la hierba
ostenta sus vilanos delicados.
¿Sabia naturaleza
o ingenio de los dioses?
El viento desmenuza
esos hilos de seda
con sus dedos de aire.
Vuelan en levedad,
ángeles diminutos,
buscando nuevamente entre la hierba
una tierra fecunda
donde hallar el milagro de la vida.
Después de meditar
en lo bello y lo sabio que es el mundo
retorno al hospital
del brazo de mi hermana.

HASTA QUE CRUCE EL LETEO

Distraído alzo los ojos
del tibio café con leche,
entonces mis ojos topan
con unas piernas cruzadas.
Idilio de piel y carne
que sostiene con soltura
un cuerpo joven y bello.
La visión de la hermosura
le da un sabor más intenso
al café que estoy tomando
y pienso en el logos griego
y en el amor de los dioses.
Les rezaré a todos ellos,
de rodillas si es preciso,
rogándoles me permitan
que lo bello me conmueva
hasta que cruce el Leteo.

COMO UNA NIÑA TRAVIESA

Al retozar entre la hierba
y las flores azules
como una niña traviesa,
edifica la luz
castillos de belleza
con los leves sillares
fabricados de briznas y fulgores.
Y entonces me pregunto
si la antigua belleza que veía
envuelto en el amor
me produce las mismas emociones
que este mismo castillo que ahora miro
desde el páramo frío de mi alma.
Y entonces me respondo
que no, que no es lo mismo,
pero que la belleza siempre ayuda
a calentar la tierra desolada
y a endulzar la memoria de la luz.

YA PROYECTA SU SOMBRA

Ya proyecta su sombra
el árbol que plantaron en el parque
cuando te fuiste al azul, padre.
Son sus hojas pequeñas
pero muy numerosas
como tu amor y tus cuidados.
Su tronco es gris, como tus ojos,
y el vaivén de sus hojas
paciente, como tú lo fuiste.
Me siento a su sombra y te escribo
estas breves palabras
que tan solo pretenden
revivir tu recuerdo,
que siempre me protegerá
como la copa de este árbol.

LA LLUVIA AMARILLA

Cae la lluvia amarilla
con esa sed de hojas
del final del verano.
Esa lluvia de ocres nervaduras
con que el viento desnuda
los álamos del río.
Pero ese despojar no es suficiente,
cuando llega el invierno
y esas hojas no son más que memoria,
la nieve se hace hueco
en las grietas secretas
de la piel y los muros olvidados.
Esas grietas que solo
el frío sabe hallar para poder
recubrir los recuerdos con escarcha.
Van cayendo las casas
del pueblo abandonado
y con ellas la historia de las vidas,
la lucha y los afanes
que allí quedaron tras su marcha.
Ahora solo queda solitaria
esa lluvia amarilla del otoño
sobre las piedras y el adobe.
Después la nieve cubrirá
con esa lentitud que da el invierno
las hojas y las huellas
de aquellos que se fueron.

EL SHANGHÁI

A mi amigo José Pedro Montoliu

Hoy mis ojos han visto
con las pupilas del recuerdo
los raíles brillar
y esa luz ambarina
de la Estación de Francia
que Margarit cantara
con su voz cálida y profunda.
Hoy he vuelto a subir en el Shanghái
con las maletas llenas de memoria
y he vuelto a ver aquellas fotos
de olvidados paisajes
y aquellos ceniceros
que creía de oro cuando niño.
Y otra vez me he sentado
para mirar por la ventana
montañas y planicies,
estaciones nocturnas con andenes
habitados de olvido.
Y he vuelto a ver la danza
de los cables que suben y descienden
en un efecto óptico
que todavía me hipnotiza.
Y también, al final
de este sueño de trenes y maletas
que intento preservar de la nostalgia

escucho ya cercano
aquel puente de hierro
y veo con los ojos del pasado
la curva presurosa
que descubría contra el cielo azul
de una mañana eterna
aquellas torres de ladrillo
que adornaban el páramo
donde habitaron mis ancestros.
Lentamente el tren se detiene
y cesa de latir
su corazón cansado de distancias
después de un largo viaje
desde la leve espuma al recio adobe.

PASEO SOLITARIO

Paseo solitario
y siempre me sorprendes, buganvilla,
con esa explosión de color:
crepúsculo marino
que viera el navegante
generoso que te entregó su nombre.

EL ADHESIVO

Ya empieza a despegarse
el adhesivo que pusimos
en aquel pantalón que se rompió.
Mientras yo sujetaba
tú lo frotabas con la plancha
hasta que al fin pudimos
tapar el desgarrón.
Tú ya no estás, la plancha
en algún armario andará
escondida entre ropa
y yo también ando ocultándome
abrigado entre libros y entre versos.
El pantalón y el adhesivo,
heridos por el uso y por el tiempo,
también perecerán
en el contenedor naranja del olvido.
Al fin y al cabo,
todo lo material desaparece,
hasta las mismas piedras
en polvo se convierten.
Tal vez lo más liviano,
tu recuerdo que es pájaro
al arrullo del viento,
que es ala levísima
entre los dedos de la brisa,
al ser grabado a fuego en unos versos
adquiera la firmeza
del terco mármol y el augusto bronce.

AL ARRULO DEL TIEMPO

Han brotado feraces las palabras
al arrullo del tiempo.
Su murmullo sutil
ha buscado el lugar
donde brota la nieve del recuerdo,
ha buscado el venero primitivo,
ese de donde mana
el agua que es cristal de la memoria.

Es también el arrullo
tejido enamorado
que cobija al pasado
de la dura inclemencia del hastío.

Aquí os dejo esta fuente
para apagar la sed
del viaje de la vida
y esta lana caliente
para ahuyentar el frío del olvido
y poder escuchar junto a la lumbre
el arrullo del tiempo.

ESTA
PRIMERA
EDICIÓN DE *Al
arrullo del tiempo,* DE
GERARDO GUAZA GONZÁLEZ,
HA SIDO IMPRESA CON PAPEL
AHUESADO, DE 80 GRAMOS. SE
HA UTILIZADO LA TIPOGRAFÍA
GARAMOND PRO. Y SE TERMINÓ
DE IMPRIMIR EN VEPRIX, EN
MADRID, EN EL MES DE
NOVIEMBRE DEL AÑO
2025.